VENTE PAR SUITE DE DÉCÈS

Le Lundi 17 Décembre 1888

A TROIS HEURES

HOTEL DROUOT ✧ SALLE N°

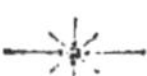

Tableaux modernes

Gravures, Dessins, Aquarelles

PROVENANT DES

Successions de M. R. D*** et de Mlle DELPHINE C***

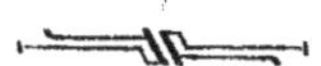

EXPOSITION PUBLIQUE

Le Dimanche 16 Décembre 1888, de 1 h. 1/2 à 5 h.

Par le ministère de Me CHARLES RICHEFEU, Commissaire-Priseur,
avenue de l'Observatoire, 3

Assisté de M. ÉMILE VAN HOESERLANDE, Expert,
rue Lafayette, 46

PARIS — 1888

CATALOGUE

DE

TABLEAUX MODERNES

Benassit (E.), Berchère, Bombled (Ch.)
Boudin (S.), Brown (John-Lewis)
Corot, Grant (F.), Guignard (G.), Mouillon, Nail (Le)
Palizzi, Princeteau, Ramos (F.), Rozier (J.), etc.

GRAVURES, DESSINS, AQUARELLES

Audy, Bellet (J.-J.), Bertall, Bombled, Brown (John-Lewis)
Descourtis (C.), Pichat, Tiriot (J.), etc.

*Le tout provenant des Successions de M. R. D*** et de Mlle Delphine C***

DONT LA VENTE AUX ENCHÈRES PUBLIQUES AURA LIEU

HOTEL DROUOT, SALLE N° 4

Le Lundi 17 Décembre 1888

A TROIS HEURES

Par le ministère de Me **Charles RICHEFEU**, Commis^{re}-Priseur,
avenue de l'Observatoire, 3

Assisté de **M. Émile Van HOESERLANDE**, Expert.
rue Lafayette, 46

EXPOSITION PUBLIQUE

Le Dimanche 16 Décembre 1888, de 1 h. 1/2 à 5 h.

PARIS — 1888

CONDITIONS DE LA VENTE

———

Elle sera faite au comptant.

Les Acquéreurs paieront en sus des adjudications, CINQ POUR CENT, applicables aux frais de la vente.

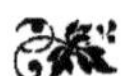

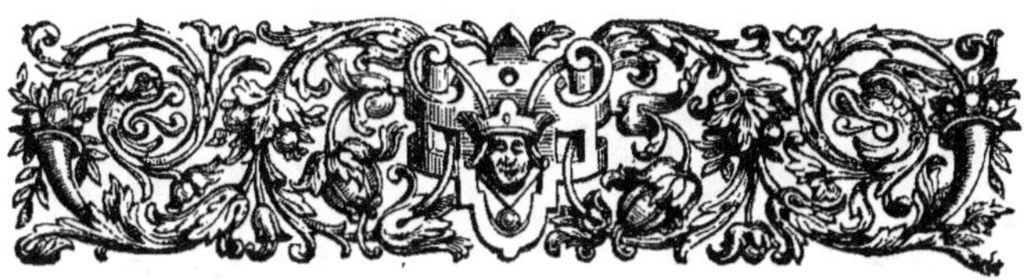

DÉSIGNATION

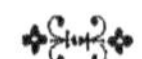

TABLEAUX

GRAVURES, DESSINS, AQUARELLES

1 — A. G. Valet de chiens.

H. 0^m33. L. 0^m22.

2 — A. Prosdocini. Intérieur de ville avec cours d'eau.

Aquarelle.

3 — Audy. Courses à Saint-Ouen.

4 — Audy. Cheval de course et Jockey.

Deux aquarelles.

5 — BELLET (J.-J.). Vue prise en Orient.

Dessin au crayon noir, signé.

6 — BELLET (J.-J.), 1852. Chemin sous bois.

Dessin au crayon noir, signé et daté.

7 — BENASSIT (E.). Un Accident.

H. 0^{m}41. L. 0^{m}33.

8 — BERCHÈRE. Arabes dans le désert.

H. 0^{m}40. L. 0^{m}66.

9 — BERTALL. Bertron, le candidat humain (*Politique bien ordonnée commence par soi-même*).

Aquarelle signée.

10 — BERTALL. Actrice.

Aquarelle signée.

11 — BOMBLED (Charles). Charge de carabiniers.

Aquarelle signée.

12 — BOMBLED (Charles). Tir aux pigeons.

Dessin à l'encre de Chine.

13 — BOMBLED, 17 février 1867. Chevaux de courses. Souvenir de Porchefontaine.

H. 0m50. L. 0m63.

14 — BOMBLED. Dragons au rot.

Aquarelle.

15 — BOMBLED (Charles). Le Saut de haie.

H. 0m22. L. 0m55.

16 — BOMBLED (Charles). Saut de haie.

H. 0m17. L. 0m23.

17 — BOMBLED (Charles). Le Dressage.

H. 0m20. L. 0m25.

18 — BOMBLED (Charles). Champ de courses.

H. 0m21. L. 0m55.

19 — BOMBLED. Piqueurs à cheval.

Deux pendants. Signés du monogramme C. B.

H. 0m17. L. 0m13.

20 — BOUDIN (S.). Le Bassin de Deauville (1883).

H. 0^m24. L. 0^m33.

21 — BROWN (John-Lewis). Champ de courses.

Motif pour éventail. Aquarelle signée.

22 — BROWN (John-Lewis). Groupe de cavaliers en costume Louis XV.

H. 0^m26. L. 0^m22.

23 — BROWN (John-Lewis). Retour des courses en mail-coach.

Encadrement en velours rouge.

24 — BROWN (John-Lewis). Sujets équestres.

Trois gravures sous verre.

25 — COROT. Paysage avec animaux.

H. 0^m25. L. 0^m32.

26 — DELACROIX (Genre de). Esquisse.

27 — DESCOURTIS (C.), d'après de Machy. Ruines et Sujets.

Deux gravures sous verre, de forme ronde.

28 — ÉCOLE FRANÇAISE. Portrait de jeune Femme.

Peinture sur cuivre.

29 — ÉCOLE FRANÇAISE. Les Premiers Pas.

Cadre en bois sculpté Louis XIV.

H. 0ᵐ23. L. 0ᵐ19.

30 — GRANT (F.). Cheval de course et son Jockey.

H. 0ᵐ11. L. 0ᵐ16.

31 — GRANT (J.). Les Vainqueurs du Derby en 1879-1880-1881.

Trois panneaux dans un même cadre.

32 — GUIGNARD (Gaston). Retour de La Marche.

H. 0ᵐ22. L. 0ᵐ17.

33 — GUIGNARD (Gaston). Souvenir du Grand-Prix de Monaco, 1880.

H. 0ᵐ26. L. 0ᵐ36.

34 — ÉCOLE HOLLANDAISE. La Lecture du message.

35 — INCONNU. Douze Panneaux, dont six grands et six petits, représentant la Moisson, etc.

36 — INCONNU. La Rentrée du troupeau.

Peinture sur porcelaine.

37 — INCONNU. Cheval de courses dans son boxe.

H. 0^m38. L. 0^m51.

38 — INCONNU. Chevaux d'attelage.

Dix dessins aquarellés sous verres.

39 — ÉCOLE MODERNE. Tête de chien de meute.

H. 0^m38. L. 0^m33.

40 — ÉCOLE MODERNE. Chiens de meute.

H. 0^m09. L. 0^m11.

41 — ÉCOLE MODERNE. Berger et son troupeau (Paysage).

H. 0^m27 L. 0^m35.

42 — MOUILLON. Saint Sulliac.

Deux panneaux formant pendants.

43 — MOUILLON, 1887. Paysage avec mare.

H. 0^m45. L. 0^m36.

44 — MOUILLON, 1887. L'Automne.

H. 0^m45. L. 0^m38.

45 — NAIL (Le). Promenade à cheval.

H. 0^m10. L. 0^m16.

46 — NAIL (Le). Piqueur à cheval.

H. 0^m13. L. 0^m08.

47 — PALIZZI. Femme gardant une vache et son veau.

H. 0^m60. L. 0^m50.

48 — O. PICHAT. Cheval de course et Jockey.

Aquarelle sous verre.

49 — O. PICHAT. Laura, jument de course.

Dessin à la mine de plomb.

50 — PRINCETEAU. Le Départ (Sujet de courses).

H. 0^m45. L. 0^m54.

51 — PRINCETEAU. Le Départ.

H. 0^m47. L. 0^m56.

52 — Ramos (F.). Intérieur de ville et Façade d'église.

Deux pendants.

53 — Rozier (Jules). Chaumière. Vue prise en Normandie.

H. 0^{m}12. L. 0^{m}16.

54 — Tiriot (J.). Chevaux au vert.

Aquarelle.

55 — Tiriot (J.). Vache buvant dans une mare.

Aquarelle.

56 — Sous ce numéro, seront vendus les Tableaux non catalogués.

A. Maulde et Cie, inprimeurs de la Compagnie des Commissaires-Priseurs, rue de Rivoli, 144   3oo—92o66